AVEC JÉSUS
JE DONNE

La Bonne Nouvelle - Méditations

Aujourd'hui, c'est Noël! Noah cours voir le sapin de Noël afin de voir les cadeaux qu'il a reçus.

« Oh super! Le camion rouge que je voulais vraiment!
Un nouveau ballon de soccer!
Un train électrique! »

Noah déballe tous les cadeaux qu'il a reçus et commence joyeusement à jouer avec eux dans le salon.

Pendant que Noah joue, il remarque par la fenêtre un petit garçon jouant dans la neige. Le petit garçon à l'air triste.

« Papa, pourquoi ce petit garçon est-il triste? » demande Noah.

« C'est notre nouveau voisin,
Sa famille et lui viennent d'emménager.

Malheureusement, ses parents n'ont pas pu lui acheter des cadeaux cette année. »

Son papa lui dit alors que de
recevoir des cadeaux est amusant, mais
que le vrai sens de
Noël repose sur le fait que Dieu
ait envoyé son fils Jésus
dans ce monde afin de nous aider.

C'est le plus beau cadeau
que ce monde ait reçu!

Noah commence à penser et dit :

« Papa, j'ai une idée! j'ai reçu beaucoup de cadeaux cette année. Et si j'offrais à ce petit garçon un de mes cadeaux? Peut être que cela lui remonterait le moral? »

« Quelle bonne idée Noah! Allons le voir maintenant! » répond Papa.

Noah et Papa s'habillent rapidement. Ils emballent le nouveau camion rouge de Noah, celui qu'il aime énormément, et ils se dirigent vers la maison de leur voisin. Papa demande aux parents si Noah peut donner un cadeau à leur fils et ils acceptent.

Noah va vers le petit garçon et lui offre le petit camion rouge emballé dans une boîte à cadeau et dit : « Joyeux Noël! » les yeux du petit garçon s'illuminent et il devient tout souriant.

« Wow! C'est Super! Merci! », répond le petit garçon. « Je ne pensais pas recevoir de cadeaux cette année! »

Plus tard dans la journée, Noah dit à son papa,

« Tu sais, je m'amusais ce matin avec mes jouets, mais quand j'ai donné mon camion rouge au petit garçon et que je l'ai vu sourire,
cela m'a fait chaud au coeur
et cela m'a amené beaucoup de joie. »

Papa lui répond,

« Lorsque tu as donné ton rouge à ce petit garçon camion, Jésus lui aussi était content parce qu'il est venu nous enseigner à donner et tu comprends maintenant le réel sens de Noël. »

« Oui Papa!

Avec Jésus,
Noël, c'est amusant! »

Note de l'auteur :

Merci beaucoup d'avoir lu ce livre.
Si vous avez aimé, veuillez s.v.p. nous laisser
un avis ou le recommander
à un ami.

Rejoignez notre liste de diffusion
pour rester informé
concernant nos nouveautés en visitant

www.labonnenouvellemeditations.com

Merci pour votre support!

Car Dieu a tant aimé le monde qu'il a donné son Fils unique, afin que quiconque croit en lui ne périsse point, mais qu'il ait la vie éternelle.

- Jean 3:16 LSG

Copyright 2021 - La Bonne Nouvelle - Méditations

- Tous droits réservés

Aucune partie de la présente publication ne peut être reproduite, enregistrée dans une base de données ou transmise sous quelque forme que ce soit ou par tout moyen électronique, électrostatique, magnétique, mécanique, ou autre, ou sous forme de photocopie, sans autorisation écrite préalable de l'auteur

www.labonnenouvellemeditations.com

www.ingramcontent.com/pod-product-compliance
Lightning Source LLC
Chambersburg PA
CBHW042256100526
44589CB00002B/40